空腹のゴングは鳴ったか？

YAMATOの勝利メシ

家の光協会

CONTENTS

COUNT 1
ガツンと肉料理&スタミナ丼

COUNT 2
野菜がうまい！バランスレシピ

COUNT 3

キャンプで楽しむ 豪快アウトドア飯

Additional match

乾杯! おれの家飲みつまみ

この本の使い方

●小さじ 1=5mL、大さじ 1=15mL、1 カップ=200mL です。

●野菜類はとくに指定のない場合、洗う、皮をむく、へたを取るなどの作業を済ませています。

●とくに記載のない場合、火加減は中火です。

はじめに

食とプロレスへの愛
おれのすべてをレシピに込めた!!

おれは、岩手県一関市の、町なかの大衆食堂の三男坊。両親と父方の祖父母、親父の弟の五人でやっていた。もともと“食”と縁の深い家なんだ。おれも子どもの頃、手伝いで近所の出前なんかに走りまわっていた。うちのメニューで好きだったのが、あんかけのもやしラーメン。今も一関に帰ると、実家の裏手にある高校の卒業生から、「また、あのもやしラーメン食いてえなー」なんて言われる。

ちなみに、おれは地元の農業高校出身。中学二年のときに親父が亡くなり、当時はなんとなく「料理人になるんだろうな」と思っていた。だったらまずは食材に触れておこう！と、そんな考えで農業高校に入学した。

デビューから十八年。いつしか食堂の三男坊から、DRAGONGATEを牽引する存在に。地元への思い入れは強く「骨を埋めるなら一関」と語る。

2020年1月15日、オープン・ザ・ツインゲート統一タッグ王座決定戦（東京・後楽園ホール）での一幕。

ところが、高校二年のとき、突然変異のようにプロレスに目覚めてしまった！

きっかけは忘れもしない、1999年1月4日。家でこたつに入って、つけっ放しのテレビを観ていた。流れていたのは、新日本プロレスの「一.四東京ドーム大会」。佐々木健介 VS 大仁田厚の試合※1 に衝撃を受けて、もうプロレスラーになるしかない!! って、自分自身を止められなくなった。

高校を卒業するとき、思いきって母に言った。「調理師専門学校には通うけど、卒業したらプロレスラーになる」。そしたら、「死んだお父さん、プロレスが好きだったのよ」と告げられたんだ。生前、親父とプロレスの話題なんか出したことなかったし、初めて聞く話。なにか運命的なものを感じた。

やがて祖父が亡くなり、母も店を閉めることになった。「ふつうの主婦に戻ります」なんて、キャンディーズみたいなことを言ってたな（笑）。そもそも、おれに継いでほしいとは、思っていなかったのかもしれない。

地元を離れた今でも、おれにとっての食の原点は、あの実家の食堂だ。いちばん上の兄貴も、実家に帰るたびに、母に食堂で出していたカツ丼を要求している。高級な肉を使っているわけじゃないけど。味は当時のまま。変わらないよ。

※1 “邪道”で知られる大仁田厚が新日本プロレスに初参戦。迎え撃つ刺客・佐々木健介との闘いは、開始早々から反則プレーの飛び交う激しい攻撃合戦となり、観客は熱狂に包まれた。

料理は日々の鍛錬であり プロレスラーとしての武器

調理師専門学校で調理師免許を取得したのち、総合格闘技を経て、2006年にプロレス団体「DRAGON GATE」でおれはデビューした。当時、24歳。そこは、壮絶なプロの世界だった。

道場では、3時間ずっとスクワット。最高で3500回やった。足の感覚はなくなるし、もう、いつまで続くんだ!! ってうんざりするくらい。食事も、とにかく「食え食え」という感じで、飯を見たくもなくなるほど食わされる。練習生が日替わりで作るんだが、そのときは、先輩が書き残したレシピや料理本なんかを参考にしていたな。

やがて、オープン・ザ・ドリームゲート※2 など、タイトルも獲得できるようになり、やっと、レスラーとして一人前になれた。そんなとき、2013年から料理ブログを開始した。フードコーディネーター三級も取得。最近ではYouTubeでもレシピ動画を発信している。プロレスに興味がないという人に、どうすれば会場に足を運んで

※2　DRAGONGATEが認定する無差別級・最高峰王座。2024年7月現在、YAMATOは最多戴冠記録（5回）を保持している。

もらえるか。なにか取っかかりが必要だ……と感じていたときに、「おれには料理がある」と気づいたんだ。

おれは「プロレスラー兼料理家」として、年間160試合を闘いながら、雑誌やwebメディアで料理レシピの開発に携わっている。その日々は、濃密にしてエキサイティングだ。締め切り前は、夜中まで「あと一品、アイデアが出ない！」「味が決まんねえ！」なんて大騒ぎしつつ、ふだんから町の飲食店の看板を観察して、味や素材の組み合わせを想像したりしている。

プロレスと料理——。そこに共通点はないが、双方が行き来することで相乗効果を生んだり、たがいに助け合ったりするような関係だ。プロレスラーとしての日々の練習や、栄養管理、地方での興行。そんなことが料理家としての仕事にもいい刺激になっている。そして仮にリング上のYAMATOが迷うことがあっても、料理がそれを補い、ときに引き上げてくれることがあると思う。

そんな、おれの思いをレシピに込めた。ぜひ、作ってみてくれ。

YAMATO

料理の仕事を通じて、全国の農業者や生産者とも知り合うことができた。国産の肉や農作物、丹精込めて育てられた食材こそが“最強レシピ”に欠かせない存在だ。

さあ、空腹のゴングは鳴ったか？

オープン・ザ・クッキングゲートだ!!

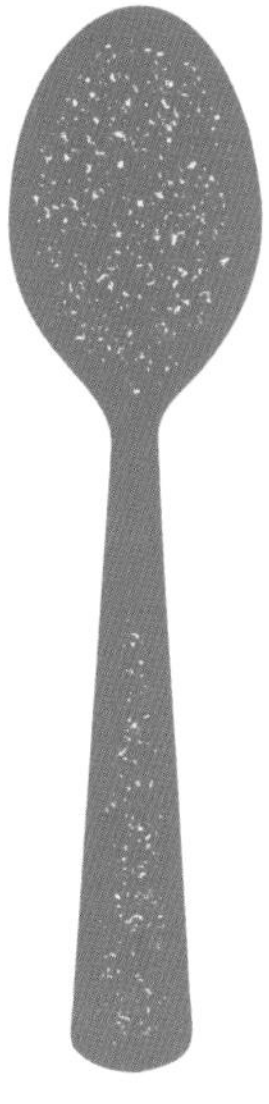

COUNT 1

ガツンと肉料理&スタミナ丼

まずは心と体のパワーの源、肉料理からスタートだ。
ポイントは、だしをていねいにひくこと。そして調味料にもこだわろう。
豪快でシンプルな料理こそ、繊細なひと工夫が生きるんだ。
魂込めたがっつりメニューで、元気出していこうぜ!

ゴロゴロの塊肉を口いっぱいにほおばれ！

ビーフシチュー

おれには牛の肥育・繁殖農家の知り合いがけっこういるんだ。せりの見学に行ったこともある。試合の遠征先で、牛飼いの仲間と飯を食うとなったら、選ぶのはやっぱり牛肉。みんな、どれだけ牛が好きなんだよ！

おれ流ビーフシチューの具は、シンプルに肉だけで勝負だ。八丁みそとブルーベリージャム。隠し味が肉のうまみを引き立てるぞ。

八丁みそとブルーベリージャムで
コク深いデミグラスソースの味わいに
この隠し味がYAMATO流だ！

材料（4人分）

牛肩ブロック肉　500g
タマネギ　1と1／2個
薄力粉　大さじ1
赤ワイン　200mL
バター　20g

A
トマトケチャップ　大さじ5
ウスターソース　大さじ2
八丁みそ　大さじ1
ブルーベリージャム　小さじ2

塩　コショウ　サラダ油

作り方

1 牛肉は一口大に切り、塩・コショウをそれぞれ強めにふり、薄力粉をまぶす。タマネギは粗みじん切りにする。

2 熱した厚手の鍋に油大さじ1をひき、牛肉の全面に焼き色をつけ、いったん取り出す。

3 同じ鍋に油大さじ1を足し、タマネギを色が透きとおるまで炒める。

4 牛肉を戻し、炒め合わせたら、赤ワインを加え、煮たたせてアルコールをとばす。Aと水800mLを加えて混ぜる。

5 ふたをして、焦げないようにときどき混ぜながら弱～中火で1時間以上煮こむ。

6 ある程度水分がとび、とろみがついたらバターを加え、塩・コショウ各少々で味をととのえる。

大人も子どももおかわり必至の本格派

ハヤシライス

「八丁みそ＋ブルーベリージャム」のYAMATO流デミグラスソースで、もう一品。切り落とし肉で手軽に作れる、本格的なハヤシライスの完成だ！

大人も子どもも大好きな味だから、家族が集まるアウトドアの現場でもワイワイ作ってみてほしい。さらっとしたソースだから、洗い物も楽だぞ。

手早く作れてコクたっぷり
アウトドア調理にもピッタリだ！
多めに作って、「おかわり！」に応えよう

材料（4人分）

牛ばら切り落とし肉　400g
タマネギ　1個
薄力粉　大さじ1
赤ワイン　200mL
バター　15g

A
- トマトケチャップ　80mL
- ウスターソース　大さじ2
- ブルーベリージャム　小さじ2
- 八丁みそ　小さじ1
- 水　400mL

塩　コショウ　サラダ油　生クリーム
パセリ（みじん切り）
ご飯　４皿分

作り方

1. タマネギは縦半分に切って薄切りにする。牛肉は食べやすい大きさに切り、塩・コショウ各適量をふる。
2. フライパンに油大さじ1をひき、**1**の牛肉とタマネギを強火で炒める。しんなりしたら薄力粉をふり入れ、混ぜる。
3. 赤ワインを加えて煮たて、アルコールをとばす。**A**を加えて混ぜ、中火で約10分煮こむ。
4. 塩・コショウ各少々で味をととのえ、火を止める。バターを加えてひと混ぜし、皿に盛ったご飯にかける。
5. 好みで生クリーム・パセリ各適量をかける。

肉汁がジュワッとあふれだす

ドリームゲート ハンバーグ

一人暮らしを始めた頃の話だ。がっつり肉を食べたいが、金がない……。そんなときの救世主がハンバーグだった。でっかく作って、かぶりつくのが至福の瞬間！

ソースは、手に入りやすい材料を使って高級店の味を再現したぞ。ハンバーグのたねに、たっぷりの粉チーズを加えれば、コクが出るし、肉汁はマシマシ。くせになることまちがいなし。

材料（4人分）

合いびき肉　450g
タマネギ　1個
パン粉　30g
牛乳　80mL
酒　大さじ1
A
卵　2個
粉チーズ　50g
塩・クミン（粉末）・ナツメグ（粉末）各小さじ1／2
コショウ　少々

サラダ油

ソース

赤ワイン　大さじ3
B
バター　10g
トマトケチャップ　大さじ2

八丁みそ・ブルーベリージャム　各大さじ1

作り方

1 タマネギはみじん切りにする。フライパンに油大さじ1をひき、弱めの中火で透明になるまで炒め、大きめのボウルに移してあら熱を取る。

2 別のボウルにパン粉と牛乳を入れ、合わせておく。

3 タマネギのあら熱が取れたら、**1**のボウルにひき肉、A、**2**を加え混ぜ、粘りけが出るまで手でこねる。4等分にし、両手でキャッチボールするようにして空気を抜きながら、楕円形にまとめる。

4 フライパンに油大さじ1をひき、中火にかける。**3**のたねを並べ、焼き色がついたら、裏返す。酒を加えてふたをし、弱めの中火で中まで火を通し（竹串で刺し、透明な汁が出ればOK)、器に盛る。

5 ソースを作る。ハンバーグを取り出したあとのフライパンに赤ワインを加え、弱火にかける。焦げをこそぎ落としながら、煮たててアルコールをとばす。Bを加えて混ぜ、ひと煮たちしたら火を止める。バターを加えて混ぜ、ハンバーグにかける。

6 ニンジングラッセ（右記参照）を添える。

つけ合わせにも手を抜くな！
ハンバーグの名脇役

ニンジングラッセ

材料と作り方（4人分）

ニンジン2本を長さ３等分に切り、くし形に切って面取りする。小鍋に入れ、砂糖大さじ１、バター10gとかぶるくらいの水を加え、中火にかける。沸騰したら弱火にし、20分ほど煮たら強火にし、鍋を軽くゆすって表面に照りを出す。

**牛肉×豚肉の最強タッグ・合いびき肉を使うぞ！
ハンバーグは大きいサイズのほうが、
ふわっと仕上がる
タマネギを炒めるとき、キャベツやニンジンの
みじん切りをいっしょに混ぜてもGOOD!!**

だしの香りが心にしみる

肉ジャガ

　肉ジャガは、昔、東京で一人暮らしをしていた頃から何度作ったか！　たっぷり作って、翌日は和風カレーにアレンジして食べるのがおれ流だ。

　このレシピはだしの風味がポイントだから、市販の顆粒だしでもかまわんが、ぜひこの機会に「合わせだし」を取ってみてくれ。隠し味にゆずこしょうを加えれば、爽やかな香りがさらに食欲をそそるぞ。

このひと手間こそが
至高の味への近道だ！

合わせだし

材料と作り方（作りやすい分量）

1　鍋に水1000mL、昆布20gを入れ、1時間ほど浸す。

2　弱火にかけ、沸騰したらかつお節15 gを加える。中火で1分ほど加熱したら弱火にし、あくを取って火を止める。

3　ざるにさらしかキッチンペーパー（不織布タイプ）を敷いてボウルにのせ、**2**を注いでこす。

ジャガイモとニンジンを下ゆですれば、
味がしみやすく、煮こむ時間を短縮できる！
ジャガイモは最後に入れれば煮くずれなし
面取りすると、さらによし！

作り方

1. 牛肉は食べやすい大きさ、ジャガイモは四つ割り、ニンジンは乱切り、タマネギはくし形に切る。
2. ジャガイモとニンジンを、それぞれ別の鍋で水からゆでる。竹串がすっと通るかたさになったら、ざるに上げる。
3. 厚手の鍋（または深めのフライパン）に油大さじ２をひいて中火にかけ、牛肉、タマネギの順に加え、肉に焼き色がつくまで炒める。
4. だしと酒を加え、煮たたせる。あくを除き、みりん、砂糖、しょうゆの順に加えて味をととのえる。
5. **2**を加え、ひと煮たちさせる。ゆずこしょうを加え混ぜ、器に盛る。

材料（4人分）

牛ばら薄切り肉　400g
ジャガイモ　小6個
ニンジン　大1本
タマネギ　大1個
合わせだし（16ページ参照）　400mL
酒・みりん　各50mL
砂糖　20～25g（好みで加減する）
しょうゆ　大さじ1と1／3
ゆずこしょう　小さじ1／2(好みで加減する)
サラダ油

牛肉たっぷりすき焼き風

肉豆腐

　肉豆腐は、飲み屋でついつい頼んでしまう一品だが、あくまで豆腐が主役な気がする。もちろんうまい。だが、家での晩酌タイムは、牛肉をぜいたくに入れて、一日働いた体をしっかりいたわってやる。そんな特別メニューだ。

　合わせる酒は、やっぱり地元・岩手の地酒が最高だよな！

**晩酌の定番つまみを
豪勢にアレンジ
トマトの酸味がアクセントだ！
絶品合わせだしの取り方は
16ページを参考にしてくれ**

材料（3～4人分）

牛ロース薄切り肉　300g
焼き豆腐　1／2丁
タマネギ・トマト　各1／2個
エノキタケ　1パック
長ネギ　1本
コマツナ　2株
結び糸こんにゃく　6個

A
合わせだし（16ページ参照）　1000mL
しょうゆ　大さじ3と1／3
酒・砂糖　各大さじ3
オイスターソース・トマトペースト　各大さじ1

作り方

1. 鍋にAを入れて煮たたせる。
2. タマネギは横半分に切り、縦に4等分する。エノキタケはいしづきを取り、ほぐす。長ネギは斜め切りにする。豆腐は横半分に切り、縦に5等分する。
3. トマトはくし形切りにする。
4. 小鍋に湯を沸かす。コマツナの根元を切り、茎から先にゆっくりと鍋に入れ、軽く火を通す。冷水にとって冷まし、水けを絞って、4等分に切る。
5. 牛肉を食べやすい大きさに切り、**1**にくぐらせて、ボウルに上げる。
6. **1**の鍋に**2**と糸こんにゃくを並べ入れ、煮る。火が通ったら、牛肉、コマツナ、トマトを加える。肉に火が通り、具が温まったら火を止め、器に盛る。

いい試合ができた日のご褒美どんぶり

牛ご飯

　さしの入ったこの牛肉、おれには輝いて見えるぜ……。白米との最強タッグを心ゆくまで堪能してくれ。素材のうまさを存分に味わうべく、調理はごくシンプルに。老舗のそば屋のつゆを意識して、特製のだしじょうゆに、ゆずこしょうで香りづけする。肉にさっと火を通し、ここぞというタイミングでご飯にオン！　まさに恍惚の一杯だ。

材料（2人分）

牛ロース肉（すき焼き用）　100g
だしじょうゆ　100mL
砂糖　小さじ1
ゆずこしょう　小さじ1／4
細ネギ（小口切り）・練りわさび　各少々
ご飯　どんぶり茶わん2杯分

メモ：牛肉はなるべく国産の上等なものを選ぼう。

作り方

1 だしじょうゆをフライパンに入れ、砂糖、ゆずこしょうを加え混ぜる。

2 どんぶり茶わんにご飯を盛る。

3 **1**を中火にかけ、煮たったら、牛肉を広げて入れる。5～10秒、片面だけ火を通し、**2**のご飯にのせる。好みで細ネギ、わさびをのせる。

どんな和食にも使える
万能選手

だしじょうゆ

材料（作りやすい分量）
みりん　120mL
しょうゆ　80mL
昆布　5g
かつお節　5g

作り方
1　小鍋にみりんとしょうゆを合わせ、昆布を加えてごく弱火にかける。
2　ふつふつしてきたらかつお節を加えてすぐに火を止め、あら熱を取る。
3　ざるにさらしかキッチンペーパー（不織布タイプ）を敷いてボウルにのせ、**2**を注いでこす。

特製だしじょうゆが味の決め手だ！
たまには奮発して
国産牛の脂のうまみを噛み締めよう

多種多様なスパイスのイリミネーションマッチ

タコライス

　こんなにうまいタコミートを生み出してしまったことに、おれは震えたぜ……。味よし、香りよし！　うーん、たまらん。たっぷり作っておけば、グラタンやドリアの具材として、またパスタソースとしても活用できる万能選手だ。タコライスにするときは、野菜もたっぷり添えて栄養バランスを整えよう。

複数のスパイスを
ミックスすることで
味に深みが生まれる
本格メキシカンの
味わいだ！

材料（4人分）

タコミート

合いびき肉　500g
タマネギ（みじん切り）　1個分
赤ワイン　30mL
チリパウダー　大さじ1と1／3

A
- クミン（粉末）　小さじ2
- ナツメグ（粉末）　小さじ1
- タイム（粉末）　少々

B
- トマト水煮缶（カットタイプ）　300g
- ウスターソース　大さじ1
- コンソメ（顆粒）　小さじ2

塩　コショウ

タコライス

ご飯　どんぶり茶わん4杯分
レタス　4枚
トマト　2個
アボカド　1個
ゆで卵　4個
シュレッドチーズ　トルティーヤチップス

作り方

1. タコミートを作る。熱したフライパンにひき肉を入れてほぐす。塩・コショウ各少々をふり、軽く焦げ目がつくまで炒める。

2. 余分な脂をふき取り、赤ワインとタマネギを加えて炒め合わせ、Aのスパイスを加えて混ぜる。

3. Bを加えて煮込み、水分がとんだらチリパウダーを加減しながら加える。炒めながら混ぜ、塩・コショウ各少々で味をととのえる。

4. タコライスを作る。レタスは細切り、ゆで卵・トマト・アボカドはそれぞれ角切りにする。

5. 皿にご飯を盛り、**3**のタコミートと**4**の具材を盛りつける。好みでチーズとトルティーヤチップス各適量をのせる。

修行時代の思い出がよみがえる

ビーフ＆ブロッコリーのオイスターソース炒め

　武者修行で3か月ほど暮らしたアメリカ・ヒューストン。オイスターソース炒めは、近所のチャイニーズレストランで食べた懐かしの味だ。

　肉の脂とオイスターソースが合わさったコクで、野菜も米も進む、進む！　かたくり粉で肉をコーティングしてやると、縮んでかたくなるのを防げるし、ソースがよくからむ。ひと手間がだいじだ。

塩ゆでして冷水で締めたブロッコリーは色鮮やかで歯ごたえも◎
タマネギも火を通しすぎず、食感を残して仕上げるぞ

材料（2人分）

牛カルビ肉（焼き肉用）　300g
ブロッコリー　1株
タマネギ　1／2個
かたくり粉　大さじ1
A
- オイスターソース　大さじ2
- 酒・しょうゆ　各大さじ1
- 砂糖　小さじ1

塩　コショウ　サラダ油

作り方

1. 牛肉は両面に塩・コショウ各少々、かたくり粉をふり、余分な粉は軽くたたいて落とす。
2. タマネギはくし形切りにする。ブロッコリーは小房に分け、1％の分量の塩を加えた熱湯でさっとゆで、冷水にとって水けを切る。
3. Aの調味料を合わせておく。
4. 熱したフライパンに油大さじ1をひき、**1**の牛肉の両面を焼く。焼き色がついたら、タマネギと**3**を加えて炒める。最後にブロッコリーを加え、炒め合わせて器に盛る。

じっくり煮こんだとろける食感

牛《ぎゅう》腩《なん》飯《はん》

「五香粉《ごこうふん》」を知ってるか？　複数のスパイスをミックスした、中華料理には欠かせない香辛料だ。おれはこのなんともいえない風味が好きで、キッチンに常備しているぞ。料理の香りづけやくさみ取りに重宝して、牛肉との相性ばっちり。ぜひこのレシピで味わってくれよな。白飯にどかっとのせて、一品で腹が満たされるボリューム丼の完成だ！

牛肉は赤身と脂身が均等になるように切ると口当たりがよくなるぞ

タマネギがソース状になるまで煮こむんだ！

材料（3人分）

- 牛カルビかたまり肉　500g
- タマネギ　1個
- チンゲンサイ　1株
- ショウガ・ニンニク　各1かけ
- A
  - 酒（あれば紹興酒）　大さじ3
  - 砂糖・しょうゆ・オイスターソース　各大さじ2
  - 五香粉　小さじ1～大さじ1（好みで加減する）
  - 鶏がらスープの素　小さじ1
- サラダ油　ゴマ油
- ご飯　どんぶり茶わん3杯分

作り方

1 タマネギは粗みじん切り、ショウガとニンニクはみじん切りにする。牛肉は食べやすい大きさに切る。

2 チンゲンサイは塩適量（分量外）を加えた熱湯でさっとゆでて氷水にとる。水けをよく絞り、食べやすい長さに切る。

3 鍋に湯を沸かし、牛肉を30分ほどゆでて、ざるに上げる。

4 フライパンにサラダ油大さじ1をひき、ショウガとニンニクを弱火で炒める。香りがたったら牛肉を入れ、焼き色をつける。タマネギを加えて炒め合わせる。Aと水500mLを加えてよく混ぜ、中火で煮る。

5 水分がとんできたら、同量の水を追加する。これをもう一度繰り返し、火を止めてゴマ油少々をたらす。

6 どんぶり茶わんにご飯を盛り、**5**をかけ、**2**のチンゲンサイをのせる。

粉山椒は
食べる直前にかけて、
香りを楽しもう

油を吸ったナスがたまらない

ナスのかば焼き丼

　たれの味の決め手はオイスターソース。料理の味にぐんと奥行きを出してくれるから、おれはよく使ってる。マーボーナスにも入ってるくらいだから、ナスとの相性はお墨付きだ。

　切り方で、ぱっと見ナスだとわかりにくいだろ？　ナス嫌いをナス好きに変えるきっかけの一皿になったら嬉しい。

材料（2人分）

ナス　2本
かたくり粉　大さじ1
A　しょうゆ・酒・みりん・砂糖・オイスターソース・水　各大さじ2
サラダ油
青ネギ（小口切り）白煎りゴマ　粉山椒
ご飯　どんぶり茶わん2杯分

作り方

1. Aを合わせる。ナスはへたと先端を落とし、縦に5mm幅の薄切りにする。表面にかたくり粉をまぶす。
2. 熱したフライパンに油大さじ3をひき、ナスをなるべく重ならないように並べて焼く（フライパンが小さい場合、何度かに分けて焼く）。
3. 両面に焼き色がついたら、合わせたAを加えてからめ、どんぶり茶わんに盛ったご飯にのせる。
4. フライパンに水大さじ2を加え、たれを溶かしながら煮つめ、**3**に適量かける。
5. 好みで青ネギ・白ゴマ・粉山椒各少々をふる。

香ばしく焼けたナスに甘めのたれ……
よっ！　飯泥棒！

こってりとゴマがからんで南国気分

ゴーヤーのゴマみそ丼

地方巡業に行くと、その土地土地のうまいもんを食べるのが楽しみだ。「この料理はどうやって作ったんだ!?」って、料理人魂が刺激されるぜ。

このレシピは、鹿児島県の居酒屋で出合ったゴーヤーの炒め物を、おれ流アレンジでグレードアップしたものだ。厚揚げのボリューム感と、練りゴマ・ゴマ油・煎りゴマのトリプル使いがミソだからな。

真夏の昼飯は、やかんいっぱいの麦茶と
このどんぶりで決まりだ

材料（2人分）

豚ばら薄切り肉　100g
ゴーヤー　1／2本
シメジ　1／2パック
厚揚げ　1枚
豆板醤　小さじ1／2

A
酒　大さじ2
砂糖・みそ　各大さじ1
しょうゆ　小さじ2
鶏がらスープの素　小さじ1

B
白練りゴマ　大さじ1
ゴマ油　少々

サラダ油　白煎りゴマ
ご飯　どんぶり茶わん2杯分

作り方

1. ゴーヤーは縦半分に切ってわたを取り、5mm幅に切る。ボウルに入れ、塩小さじ1／2（分量外）をふってよくもみ、流水で洗い流して水けを切る。
2. 厚揚げは熱湯で表面の油をさっと流し、大きめの一口大に切る。
3. シメジはいしづきを除いて小房に分け、豚肉は1cm幅に切る。Aと水100mLを合わせておく。
4. 熱したフライパンにサラダ油小さじ1をひき、豆板醤、豚肉の順に炒める。肉に火が通ったら、ゴーヤー、シメジ、厚揚げを加え、炒め合わせる。
5. **3**の合わせ調味料を加えて混ぜ、ふたをして1分ほど蒸らす。Bを加えて全体に混ぜる。
6. どんぶり茶わんにご飯を盛り、**5**をかけ、白ゴマ少々をふる。

夏のパワーチャージにオススメ

キュウリとひき肉のスタミナ丼

具はあら熱を取って
冷蔵庫で冷やし、
アツアツのご飯に
かけてもうまい

プロレスラーは技だけじゃなく、体重も武器なんだ。猛暑が続くと食欲が落ちてくるが、しっかり食べないと闘えない。そこで活躍するのが、夏に旬を迎えるキュウリだ！

みずみずしいキュウリを炒めると、プルッとした食感が新鮮で食が進むぞ。シャキシャキ感を残したいなら、調味料を加える直前に入れてくれ。

材料（2人分）

合いびき肉　180g
キュウリ　1本
タマネギ　1／2個
豆板醤　小さじ1／2

A
- 砂糖　大さじ1と1／3
- 酒・みそ・焼き肉のたれ（市販）　各大さじ1
- しょうゆ　小さじ1
- ショウガ・ニンニク（すりおろし）　各小さじ1／2

サラダ油　糸トウガラシ（あれば）
ご飯　どんぶり茶わん2杯分

作り方

1. キュウリとタマネギは1cm角に切る。Aの調味料を合わせておく。
2. フライパンに油小さじ1／2をひき、豆板醤を炒める。香りがたったら、ひき肉を加えてほぐし、タマネギ、キュウリの順に加えて炒める。
3. ひき肉に火が通ったら、軽く混ぜたAを加え、水分がとぶまで炒め合わせる。
4. どんぶり茶わんにご飯を盛り、**3**をかけ、糸トウガラシ少々をのせる。

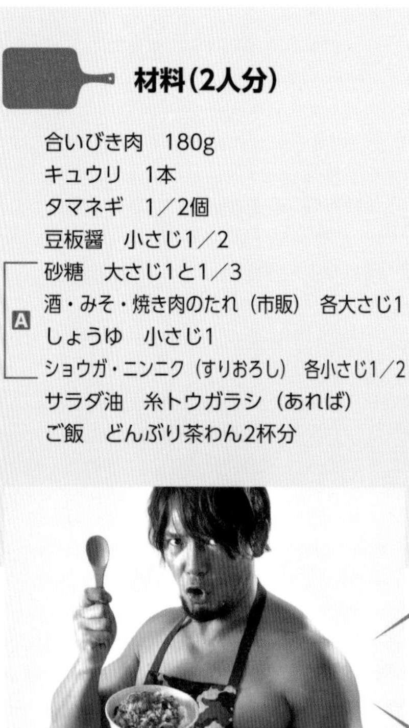

キュウリに含まれるカリウムが
体の熱を冷ましてくれるぞ
かきこんでガツガツ食らおう！

塩漬け効果で肉のうまみを凝縮

塩豚丼

うまい飯が
強く美しい体をつくる
見よ！ この肉体

いい試合をするにも、仕事や遊びに全力投球するにも、欠かせないのは強靭な肉体。そして、体づくりの基本は食べることだ！

たんぱく質豊富な豚肉を香ばしく焼き上げ、タマネギをドサッと使った塩豚丼は、甘さと塩けのバランスを極めた一杯。春なら新タマネギで作っても最高だ。塩豚は汁物の具に使っても、いいだしが出るぞ。

材料(2人分)

豚肩ロース塊肉　300g
タマネギ　1個
ニンニク　2かけ
塩　小さじ2
A
粗びき黒こしょう　少々
鶏がらスープの素　小さじ1／2
酒　大さじ2
ゆずこしょう
小さじ1／2（好みで加減する）
サラダ油　ゴマ油　白煎りゴマ
ご飯 どんぶり茶わん2杯分

作り方

1 豚肉は表面に塩をふってもみ、キッチンペーパーを巻き、ラップでしっかり包む。水分が出たらキッチンペーパーを替えながら、冷蔵庫で1～3日ねかせて塩豚を作る。調理するさいには、約30分前に冷凍庫に移しておくと切りやすくなる。

2 タマネギはくし形切り、ニンニクはつぶして芽を除き、粗く刻む。Aの調味料を合わせておく。

3 **1**の塩豚の両端を少し切り落とし（塩分が強いため）、残りを3mm幅に切る。

4 熱したフライパンにサラダ油小さじ1をひき、ニンニクを加え、香りがたったら塩豚を並べ入れる。焼き色がついたら裏返してタマネギを加え、透明になるまで炒める。

5 混ぜ合わせたAを加え、フライパンを振って炒め合わせ、ゴマ油少々をたらす。

6 どんぶり茶わんにご飯を盛り、**5**をかけ、白ゴマ少々をふる。

いつもの肉料理に変化球

焼き肉のたれ2種

肉や野菜に
からみやすい〝とろみ系〟
黒コショウとチリパウダーは
好みで追加もありだ

夏空の下、仲間たちとバーベキュー。家でビール片手に一人焼き肉。どんなシチュエーションであっても、焼いた肉はおれたちの気分をブチ上げてくれる！

クリーミーなハニーマスタードソースと、フルーティーなBBQソース。いずれも完璧な分量で材料を配合するために、試行錯誤した自信作だ。焼き肉だけじゃなく、ポークソテーのソースや、炒め物のたれとしても幅広く使えるぞ。

ハニーマスタードソース

材料（作りやすい分量）

粒マスタード・マヨネーズ　各大さじ2
ハチミツ・白みそ　各大さじ1
黒コショウ　少々

作り方

ボウルに材料をすべて入れ、泡だて器でよく混ぜ合わせ、小皿に取り分ける。

BBQソース

材料（作りやすい分量）

マンゴーチャツネ（ほかのジャムでも可）　40g
A
赤ワイン　150mL
トマトペースト　20g
ウスターソース　大さじ3
ニンニク・ショウガ（すりおろし）　各大さじ1
ハチミツ　塩　コショウ　チリパウダー
ゆずこしょう

作り方

1 フライパンにAを入れて火にかけ、沸騰したらマンゴーチャツネを加え混ぜる。

2 ハチミツ小さじ1／2、塩・コショウ各少々、好みでチリパウダー少々を加え、とろみが出るまで煮つめる。

3 ボウルに移してあら熱を取り、ゆずこしょう少々（ひとつまみ～小さじ1。好みで加減する）を加える。泡だて器でよく混ぜ、小皿に取り分ける。

※いずれも冷蔵庫で3日間保存可能。

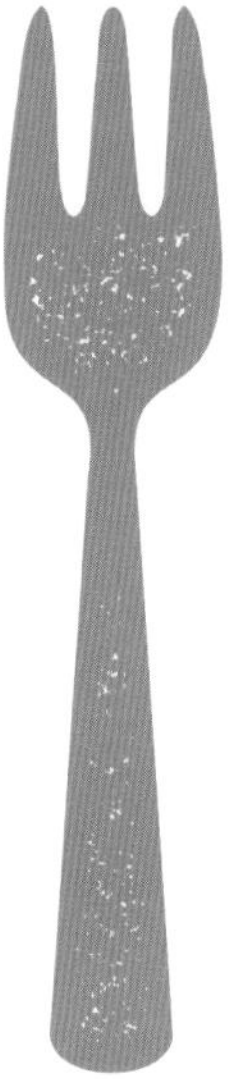

COUNT 2

野菜がうまい!
バランスレシピ

**野菜のうまさがわかったとき、大人になった気がしたもんだ。
日本では季節ごとにさまざまな野菜が手に入る。
それぞれの野菜の特徴を理解することが、うまい飯への近道なんだ。
ビシッと調理して、大地の恵みを食いつくそうぜ！**

カレー味は裏切らない

牛肉とトマトのカレー卵炒め

トマトと卵の炒め物は中華料理では定番。そこに牛肉を入れてボリュームとうまみをアップ。さらにカレー味でパンチを利かせたのが今回のメニューだ。

かつてマカオで食べたワタリガニのカレー煮は衝撃的なうまさだった。カレー味の虜になったおれは、いろんな料理をカレー味にアレンジしてきたが、ついに最高傑作を誕生させてしまった……。それがこの卵炒めだ！　刮目せよ！

牛肉にかたくり粉をまぶすことで
水分をキープし、やわらかい食感に
酢は味の輪郭を
くっきりさせてくれるぞ

材料（2〜3人分）

牛切り落とし肉　300g
卵　4個
トマト　小2個
かたくり粉　小さじ1

A
砂糖・しょうゆ・酒・オイスターソース各大さじ1
酢　小さじ1
カレールー（細かく刻む）　1かけ（20g）

塩
コショウ
サラダ油
ゴマ油

作り方

1. 牛肉は食べやすい大きさに切り、塩・コショウ各少々をふり、かたくり粉をまぶす。包丁でトマトの尻に放射状に6等分の切り目を入れ、手で裂く。卵をボウルに割り入れて溶く。

2. 別のボウルにAを合わせておく。

3. 熱したフライパンに、サラダ油大さじ1をひき、溶き卵を流し入れる。表面がぶくぶくしてきたらへらで大きくかき混ぜ、半熟状になったら、皿に移す。

4. フライパンをキッチンペーパーでぬぐい、サラダ油小さじ1をひいて、牛肉を炒める。焼き色がついたら、汁けを切ったトマトと**2**の調味料を加えて炒め合わせる。

5. **3**の卵とゴマ油少々を加えてさっと混ぜ、器に盛る。

ふるさとの秋の風物詩

いもの子汁

毎年、秋の河原にご近所さんや親戚が集まって大きな鍋を囲む、いも煮会。肌寒い季節、ホクホクのイモとアツアツの汁が体にしみわたる。子どもの頃に覚えた味は一生忘れられないぜ。

プロレスラーになる前の道場暮らしでは、練習生が食事を準備するのが恒例。なかでも、おれのいもの子汁は人気メニューだった。食べれば力がみなぎって、つらい鍛錬もなんのそのだ！

**ネギを入れる前に、一度冷まし
ふたたび温めると
さらに味がしみるぞ
シンプルな味つけで
おかわりが止まらねー！**

材料(5〜6人分)

牛切り落とし肉　300g
サトイモ　800g
シメジ　2パック
長ネギ　2本
こんにゃく　1枚
木綿豆腐　1丁
昆布　25g
かつお節　20g
鶏がらスープの素　20g
みりん・しょうゆ　各大さじ6
砂糖　大さじ1

作り方

1 だしを取る。鍋に水1500mLと昆布を入れ、弱火にかける。沸騰直前にかつお節を入れ、沸騰したら火を止めて10分ほどおく。

2 ざるにさらしかキッチンペーパー（不織布タイプ）を敷いてボウルにのせ、**1**をこす。

3 サトイモはたわしを使って流水でよく洗い、六方むきにして塩大さじ2～3（分量外）でもみ、水で洗い流す。鍋に入れ、ひたひたの水を加えて竹串がすっと通るかたさまでゆで、水けを切る。

4 牛肉は一口大に切り、シメジはいしづきを落として小房に分け、こんにゃくは手で一口大にちぎる。

5 豆腐は横半分に切り、薄切りにする。

6 **2**のだしを大鍋に入れて沸騰させる。**3**、**4**を加え、あくを除きながら具に火が通るまで煮る。

7 鶏がらスープの素、砂糖、みりん、しょうゆの順に加えて混ぜ、豆腐を加えてひと煮たちさせる。食べる直前に斜め薄切りにしたネギを加え、器に盛る。

うまみが溶け出た汁まで飲み干せ

煮切り酒のポトフ

野菜を使った煮こみ料理の定番・ポトフは、寒い時期のキャンプにもおすすめだ。体を外からだけでなく、腹の底から温めてくれるメニューが食べたくなるんだよな。

酒のうまみがだしの代わりになって、素材のうまさを引き立てるぞ。残ったスープに、白飯と粉チーズを加えて食べるところまでが、YAMATO流だ！

アルコールをしっかりとばす
“煮切り” がポイント
好みの具材を追加して
さらに楽しむべし！

材料（4人分）

ブロッコリー　1／2株
ジャガイモ　3個
キャベツ　1／4個
タマネギ　1個
ウインナソーセージ　10本
料理酒　600mL
コンソメ（固形）　3個
塩　パセリ（乾燥）　粒マスタード

作り方

1 ブロッコリーは小房に分け、熱湯でさっとゆでて冷水にとり、水けを切る。

2 ジャガイモは皮をむいて四つ割りにし、水につける。

3 キャベツはざく切り、タマネギはくし形切り、ウインナは斜め半分に切る。

4 鍋に酒を入れ、煮たててアルコールをとばす。

5 水けを切ったジャガイモ、コンソメ、水1100mLを加え、中火で煮る。ジャガイモに火が通ったら、ウインナ、タマネギ、キャベツを加えて煮こむ。

6 すべての具材に火が通ったら、塩少々で味をととのえ、ブロッコリーを加えて、パセリ適量をふる。

7 器に盛り、好みで粒マスタード少々を添える。

メモ：塩が含まれない日本酒で作る場合、**6**で加える塩の量をやや多くして味をみる。

甘辛味でご飯のおかわり必至

プルコギ

牛肉も野菜もたっぷり食べられる、甘辛こってり、ストロングスタイルの一品を紹介するぞ。八丁みそを使うと、味に奥行きが出る。辛くてパンチの利いた味にしたいなら、一味トウガラシを追加だ！

牛肉の部位は好みだが、もも肉を使うとさっぱりした味わいに、肩ロース肉を使うと脂身がぷるっとしてやわらかい食感になる。ぜひいろいろ試してくれよ。

どんぶり飯にのっけて
卵の黄身を落としたプルコギ丼も最高だ
ニラやシイタケを入れてもうまい！

材料(3〜4人分)

牛切り落とし肉(もも・肩ロースなど) 300g
ピーマン 3個
タマネギ 1個
ニンジン 1/2本

A
- 砂糖・コチュジャン・酒 各大さじ3
- 八丁みそ 大さじ2
- ニンニク(すりおろし) 大さじ1
- ショウガ(すりおろし)・白煎りゴマ 各小さじ1
- 一味トウガラシ 少々(好みで加減する)

塩 コショウ サラダ油 ゴマ油

作り方

1. ピーマン、タマネギ、ニンジンは千切りにする。
2. 牛肉は5cm幅に切り、塩・コショウ各少々をふる。
3. Aの調味料を大きめのボウルでよく合わせ、**1**の野菜と**2**の牛肉を加えて混ぜる。ラップをし、冷蔵庫に1時間ほどおく。
4. 熱したフライパンにサラダ油大さじ2をひき、**3**を炒める。肉に火が通ったらゴマ油少々を加えてさっと混ぜ、器に盛る。

ごろっと具材で一品でも大満足

モロッコ風 手羽先煮こみ

　クミンの香りは肉のくさみを消し、野菜のうまさを引き立ててくれる。「クミン塩」はいろいろな料理に使えるから、覚えておいて損はなし！トマトベースのソースをからめれば、大ぶりに切った野菜と手羽先がハーモニーを奏でだすぞ。白飯にかけて食べれば、おしゃれかつ満腹になれるワンプレート飯の完成だ。

材料（4人分）

鶏手羽先　12本
タマネギ　大1個
ピーマン　4個
ナス　2本
マイタケ　2パック
ニンニク（みじん切り）　2かけ分

A
- クミン（粉末）・塩　各12g
- ガーリック（粉末）　5g

B
- トマト水煮缶（カットタイプ）　450g
- 酒　30mL
- オイスターソース　60mL

オリーブオイル　塩　コショウ

作り方

1. Aを混ぜ合わせてクミン塩を作り、手羽先にまんべんなくまぶす。
2. タマネギとピーマンはくし形切り、ナスは乱切り、マイタケは小房に分ける。
3. 厚手の鍋にオリーブオイル大さじ2をひき、手羽先を焼く。両面に焼き色がついたら、ニンニクと**2**の野菜を加え、炒め合わせる。
4. Bを加え、ふたをして弱火で煮こむ。水分がある程度とんだら、塩・コショウ各少々で味をととのえ、器に盛る。

口いっぱいに広がる爽やかな香り

コマツナと厚揚げのスパイス丼

四川料理の定番である「家常《ジャーチャン》豆腐」に着想を得たのがこのレシピ。ポイントは、なんといっても五《ご》香粉《こうふん》だ。本場・中国では薬膳にも使われているこのスパイス。強壮作用や消化促進作用も期待できるぞ。パンチの利いた中華炒めで白飯をかきこみ、パワーアップしようぜ！

材料（2人分）

厚揚げ　2枚（300g）
合いびき肉　100g
コマツナ　1束
シイタケ　2枚
五香粉・かたくり粉　各大さじ1
ニンニク・ショウガ（すりおろし）　各小さじ1
豆板醤　小さじ1
A
- みそ・砂糖・酒・オイスターソース　各大さじ1
- しょうゆ　小さじ1
- 鶏がらスープ　150mL

サラダ油　ゴマ油
ご飯　どんぶり茶わん2杯分

作り方

1 Aは合わせておく。

2 厚揚げは2cm角に切り、熱湯にくぐらせて水けを切る。シイタケはいしづきを除いて2cm角に、コマツナは2cm幅に切る。

3 フライパンにサラダ油大さじ1を熱し、ニンニクとショウガを炒める。香りがたったら、豆板醤、ひき肉の順に加えて炒める。

4 ひき肉に火が通ったら、**2**を加えて軽く炒める。Aを加えて混ぜ、5分煮こむ。

5 五香粉を加えて混ぜ、同量の水で溶いたかたくり粉を加えてとろみをつけ、ゴマ油少々をたらす。

6 どんぶり茶わんにご飯を盛り、**5**をかける。

具の大きさをそろえて食感を合わせるべし！

万能スープで体を芯から温めろ

もつ鍋

「もつ鍋のスープには、焼き肉のたれが合う」と友達に教えてもらったのは、東京で一人暮らしをしていた頃。これをヒントに、もつにもガツンと味をつけて、食べればたちまちパワーみなぎるレシピを完成させたぞ！　このスープはもつ以外の肉や海鮮にも合うから、ぜひいろいろと応用してみてくれ。

辛いのが好きなやつは、漬けだれに一味や七味トウガラシを足すといい
キャベツは少し小さめに切るとほかの具材となじんでうまいぞ

材料（4人分）

マルチョウ　300g
キャベツ　1／2個
ニラ　1束
もやし　1袋
絹ごし豆腐　1丁

漬けだれ
豆板醤・コチュジャン・みそ・
砂糖・酒　各大さじ1
ニンニク（すりおろし）　小さじ2
白煎りゴマ・ゴマ油　各小さじ1

スープ
和風だしの素・鶏がらスープの素・
砂糖・コチュジャン　各大さじ1
みそ・焼き肉のたれ（市販）　各大さじ4

作り方

1. マルチョウに薄力粉（分量外）をまぶし、よくもんで水洗いし、水けを切る（下処理がしてある場合、この手順は不要）。食べやすい大きさに切る。

2. 大きめのボウルに漬けだれの材料を入れてよく混ぜ、**1**を加えて混ぜる。ラップをして、冷蔵庫で1時間漬ける。

3. 豆腐をキッチンペーパーで包み、皿などで重しをして水けをきる。

4. キャベツは5cm角、ニラは3cm幅に切る。もやしはひげ根を取る。豆腐は食べやすい大きさに切る。

5. スープの材料と水1500mLを鍋に入れて混ぜ、ひと煮たちさせて火を止める。**2**のマルチョウと漬けだれ、豆腐、ニラ以外の野菜を加え、ふたをして中火にかける。

6. 全体に火が通ったら、火を止めてニラを並べ、ふたをしてしんなりするまで蒸らし、器に盛る。

油揚げからだしがジュワッ

柳川風 ゴボウ丼

柳川丼といえばドジョウだが、簡単には手に入らない。代わりに油揚げを使ったら、だしがしっかりしみて、ジューシーな一品に仕上がった。

「かつおと昆布」のように、数種類のだしを組み合わせると味に奥行きが出る。シンプルな料理だけにな。余裕があれば、一人前ずつ材料を分けて煮ると、盛りつけがきれいにできるぞ。

材料(2人分)

ゴボウ　40cm（75g）
エノキタケ　1／2パック
油揚げ　3枚
溶き卵　4個分
A
- だし汁　200mL
- 酒　大さじ2
- みりん・砂糖・しょうゆ　各大さじ1

青ネギ（小口切り）
ご飯　どんぶり茶わん2杯分

ささがきは鍛錬だ！
ゴボウをくるくる
回しながら切ると
うまくいくぞ

作り方

1. ゴボウはよく洗い、ささがきにして水500mLに大さじ1程度の酢（分量外）を入れた酢水につける。エノキタケはいしづきを切り、長さを三等分に切る。油揚げは短冊切りにし、熱湯をかけて水けを切る。
2. Aを小鍋に合わせ、水で軽く洗って水けを切ったゴボウを加え、火にかける。
3. 沸騰したらあくを除き、エノキタケと油揚げを加え、さらにあくを取りながら煮る。煮汁が2／3程度まで減ったら、溶き卵を回し入れ、弱火にしてふたをし、5分ほど蒸らす。
4. どんぶり茶わんにご飯を盛り、**3**をかけ、青ネギを適量散らす。

豆腐やそうめんにかけてもGOOD

山形のだし丼

暑い季節はどうしても体力が落ちてしまいがちだ。そんなときこそ、パンチがあって栄養バランス満点、ガッツリ食べられる丼ものがベスト。野菜はなるべく細かく、サイズを均等に切る。表面積が広がって、味がよくしみこむぞ。すべて刻み終わった瞬間の達成感！ ストレス解消にもってこいだ。だしじょうゆの作り方は21ページで紹介したが、市販の麺つゆでもOKだ。

キンキンに冷やしただしを
アツアツのご飯にかける
これぞ最高の夏飯だ！
ラー油の代わりにゴマ油を
加えても風味がいいぞ

材料（2人分）

ナス・キュウリ・ミョウガ　各1本
青ジソ　5枚
刻み昆布　10g
だしじょうゆ　大さじ2
ラー油　白煎りゴマ
ご飯　どんぶり茶わん２杯分

作り方

1 昆布は水でもどす。

2 野菜はすべてみじん切りにしてボウルに入れ、**1**とだしじょうゆ、ラー油少々（好みで加減する）を加えて混ぜ、冷蔵庫に1日おいて味をなじませる。

3 どんぶり茶わんにご飯を盛り、**2**をかけ、白ゴマ少々をふる。

ウマ辛だれでどんぶり飯をかきこもう

ニラだれ豆腐丼

市販のたれは世の中に数あれど、おれをうならす逸品にはなかなか出合えない……。それならばと自作したのが、このニラだれだ。

白飯や豆腐に合うのはもちろんだが、こいつを肉にからめて炒めたり、チヂミにつけたりしても最高だ！　できるだけ風味がいい作りたてを食べてくれよな。

材料（2人分）

ニラ　1束
絹ごし豆腐　1／2丁

A
- 水あめ　大さじ4
- 酒　大さじ3
- しょうゆ・コチュジャン・白煎りゴマ　各大さじ2
- みそ　大さじ1
- ニンニク・ショウガ（すりおろし）　各小さじ1
- 一味トウガラシ　少々

塩
ご飯　どんぶり茶わん2杯分

作り方

1. 豆腐はキッチンペーパーで包み、重しをして30分ほどおき、水切りする。
2. Aを小鍋に合わせてひと煮たちさせ、ボウルに移して冷ます。
3. ニラは1cm幅のざく切りにし、ざるなどに広げてしばらくおき、水分をとばす。**2**が冷めたら、ニラを加え混ぜる。
4. どんぶり茶わんにご飯を盛る。半分に切った豆腐をのせ、表面にごく少量の塩をふって、**3**のニラだれをかける。

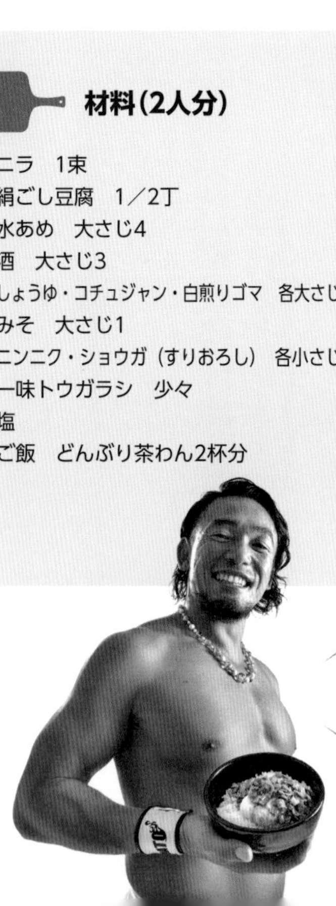

熱い白飯と冷たい豆腐、
ピリ辛だれの3WAYマッチ！
チャンピオン級のうまさだ

甘辛×バター最強説!?

シイタケの佃煮丼

数あるキノコのなかでも、シイタケがめっちゃ好きなんだ。こいつを主役にした、最高のどんぶりを作ってやりたくて生まれたのがこのレシピ。

とろとろになるまで煮て、ちゅるっとなったシイタケに、こりこり食感のキクラゲが加わると、これまたいける。そこにとろけるバターの香りとまろやかさ。う～ん、匂いだけで白米が食えるな！

佃煮は
冷やして
箸休めに
するのもいい

シイタケを直火で焼く
ひと手間がポイント
香ばしい風味が味に
深みをもたらす

材料（2人分）

シイタケ　8～10枚
キクラゲ（乾燥）　3～4枚
バター　10g

A	しょうゆ・酒・砂糖　各大さじ4
	豆板醤　小さじ1（好みで加減する）
	水　1カップ

ご飯　どんぶり茶わん2杯分

作り方

1. キクラゲを水でもどす。
2. シイタケはいしづきを取り、十字に切って四等分する。もどしたキクラゲの水けを切り、シイタケと同じ大きさに切る。
3. シイタケを魚焼きグリルの中火で3～5分焼き、軽く焦げ目を付ける。
4. Aを鍋に入れて沸騰させ、シイタケとキクラゲを加えて、焦がさないように煮つめる。
5. どんぶり茶わんに盛ったご飯に**4**をかけ、バターをのせる。

とろーりあんでうまみを閉じ込めた

千切りハクサイのあんかけ丼

寒くなると甘みを増すハクサイ。鍋もいいけど、たまにはアツアツのあんかけ丼なんてどうだ？　ハクサイとベーコンは長さをそろえて、できるだけ細く切ってくれ。うまみが出やすくなるし、あんが飯にからみやすくなる。食感もばっちりだ。

隠し味は酢。少し加えてやれば、味の輪郭がきりっとして、食がどんどん進むぞ。

鶏がらスープは
顆粒のものを
使うと手軽だ

材料（2人分）

- ハクサイ　1／8個
- ベーコン　100g
- 鶏がらスープ　200mL
- A しょうゆ・酒・砂糖　各大さじ1
- A 酢・オイスターソース　各小さじ1
- ラード　大さじ1
- かたくり粉　大さじ1
- ゴマ油　青ネギ（小口切り）
- ご飯　どんぶり茶わん2杯分

作り方

1. ハクサイは横4等分に切り、繊維に沿って千切りにする。ベーコンはハクサイと同じ長さの細切りにする。Aを合わせておく。
2. 熱したフライパンにラードを溶かし、ベーコンをカリカリになるまで炒める。ハクサイを加えて炒め合わせ、Aを加えてさらに炒める。
3. 鶏がらスープを加え、ひと煮たちしたら、かたくり粉を同量の水で溶いて加えて混ぜる。とろみがついたらゴマ油少々を加える。
4. どんぶり茶わんにご飯を盛り、**3**をかけ、青ネギ少々を散らす。

ラードで炒めると
ベーコンの風味が格段にアップ
この段階で食べたくなるが我慢だ！

ドカンとのっけてインパクトで勝負

丸っと キャベツ丼

こんがり焼いた
風味が重要
じっくり
焼き付けよう

キャベツと言えば、和洋中どんな料理にも合う万能選手。このキャベツをメインに、白飯が進むどんぶりレシピを伝授しよう。見た目のインパクトもバッチリだ。

キャベツをじっくり焼いて、さらにくたくたになるまで蒸し煮する。つゆの味がしっかりしみこんだところに、バターとチーズでまろやかに。チーズはしっかり溶かすのがポイントだ。子どもも大好きな、甘めの味つけで仕上げたぞ。

材料(2人分)

キャベツ　1／4個
ウインナソーセージ　4本
バター　10g
ピザ用チーズ　30g
A 麺つゆ（3倍希釈）・みりん　各大さじ2
サラダ油　粗びき黒コショウ
ご飯　どんぶり茶わん2杯分

作り方

1 Aと水大さじ4を合わせる。キャベツは芯を残したまま、サイズにより2～4等分に切る。ウインナは斜めに1mm幅の切り目を入れる。

2 熱したフライパンに油大さじ2をひき、中火でキャベツの片面に焼き目が付くまで焼く。裏返してフライパンのあいたところにウインナを置き、裏面にも焼き目を付ける。

3 Aを加え、弱火にしてふたをし、10～15分ほど蒸す。

4 火を止めてバターを加え、キャベツにチーズを等分にのせ、ふたをして溶かす。

5 どんぶり茶わんにご飯を盛り、**4**をのせ、黒コショウ少々をふる。

キャベツは刻まず、
大胆にいこうぜ！
チーズと麺つゆの
最強タッグに
食らいつけ

COUNT 3

キャンプで楽しむ豪快アウトドア飯

野外で食べる飯は、どうしてこんなにうまいのだろう……？
己の力で獲物を倒し、火を焚き、食べて、眠る。
そんな太古の記憶が体に刻み込まれているのかもしれない。
大自然に抱かれつつ、最高の飯＆酒で自分を開放しよう！

これ一つあれば、最高のキャンプ飯が完成！

全知全能 アウトドアスパイス

キャンパーに人気のアウトドアスパイスも、自分で調合するのがYAMATO流だ！夜な夜な試作を繰り返し、ついに誕生した絶品レシピを公開するぜ。

野菜・肉・魚、
なんにでも合う万能スパイス
清潔な保存瓶に入れて
キャンプへGO！

材料(作りやすい分量)

かつお節　20g
しょうゆ　30mL

A
- クミン（粉末）　24g
- ガーリック（粉末）・ジンジャー（粉末）　各小さじ1／2
- クローブ（ホール）・フェンネルシード・白煎りゴマ　各小さじ1
- 八角　1粒
- シナモン（粉末）・粉山椒　各1ふり
- 鶏がらスープの素　30g
- 砂糖　大さじ1と1／3
- 塩　ひとつまみ
- うまみ調味料　3ふり

B　白煎りゴマ・クミンシード　各小さじ1

作り方

1. ボウルにかつお節を入れ、しょうゆを加えてよく混ぜる。手で絞って余分なしょうゆを落とし、耐熱皿などに広げる。からからになるまで、500Wの電子レンジにかける。1～2分ずつかけてかき混ぜ、焦がさないように注意しながら、追加で加熱するとよい。

2. **1**とAをフードプロセッサーにかけ、粉末状になるまでかくはんする。Bを加えて混ぜる。

骨付き肉でワンランク上のBBQに

ワイルド スペアリブ

アウトドアといえばBBQ。BBQの主役といえば、当然、スペアリブだよな。たれの漬けこみまでは、家でやっておくのがスマートだ。しっかり下ゆですれば、生焼けの不安もなし。ソースは、マスタードでちょっと大人な味に仕上げてみた。こんがり焼いて、豪快にかぶりつこう。

**ビールの効果で
やわらかく仕上がった肉を
ガッツリほおばれ！
シャキシャキレタスとも
相性抜群だ**

材料(4人分)

豚ばら骨付き肉（スペアリブ）　800g
タマネギ　1個
ビール　350mL
A
粒マスタード・ハチミツ　各大さじ3
オリーブオイル　大さじ2
パプリカ（粉末）　大さじ1
しょうゆ　小さじ2
塩・粗びき黒コショウ・チリパウダー・ニンニク（すりおろし）　各小さじ1
レタス　適量

作り方

1 Aを保存袋に入れて合わせておく。

2 豚肉はたっぷりの湯で下ゆでし、ざるに上げる。熱いうちに**1**の袋に入れ、たれをなじませて、1時間ほど漬けこむ（ここまで家で仕込むとよい）。

3 タマネギを薄切りにする。

4 フライパンを熱し、**2**から肉だけを取り出して焼く（たれは取っておく）。両面に焼き色がついたら、皿に取る。

5 **4**のフライパンを洗わずに、タマネギを敷き詰め、その上に**4**の豚肉を並べる。たれを全体に回しかけ、強火にしてビールを注ぐ。

6 ふたをして汁けがとぶまで加熱し、ちぎったレタスを敷いた器に盛る。

冷めても極上の味！　アレンジも楽しい

ローストポーク

　ごちそう感のあるローストポークは、キャンプで主役の座をゲットできることまちがいなし。塩とコショウのシンプルな味つけだから、好みの調味料でアレンジしてくれ！
　冷めてもうまいローストポークは、サンドイッチの具にするのもオススメ。白飯にのせて卵黄を落とし、しょうゆや焼き肉のたれをひと回しすれば、絶品ローストポーク丼の完成だ！

アルミホイルに包んで
肉を休ませることで
しっとりジューシーに仕上がるぞ

材料（作りやすい分量）

豚肩ロース塊肉　800g
ジャガイモ　4個
白ワイン　100mL
砂糖・塩　各50g
塩　コショウ　オリーブオイル

作り方

1 大きめのポリ袋を2枚重ねて水1Lを入れ、砂糖・塩を加えてよく溶かす。豚肉を入れ、空気を抜いて袋の口をしっかり縛り、冷蔵庫で一晩おく（ここまで家で仕込むとよい）。

2 豚肉を取り出し、キッチンペーパーで水けをふき取って、塩・コショウ各適量を全体にまぶしつける。

3 ジャガイモはたわしでよく洗い、芽を取って、皮付きのまま一口大に切る。

4 厚手の鉄鍋（ダッチオーブンなど）にオリーブオイル大さじ3をひき、**2**の豚肉の全面にしっかり焼き色をつける。

5 豚肉を取り出し、ジャガイモを軽く炒める。ジャガイモを全体に広げ、その上に豚肉をのせ、白ワインを回しかけてふたをする。水けがなくなったら水を足しながら、15〜20分弱めの中火にかける。

6 竹串を肉の中心まで刺して、竹串の先が十分に熱くなり、透明な肉汁が出てきたら、豚肉を取り出してアルミホイルに包み、あら熱を取る。

7 5mm幅に切り、ジャガイモの上に並べる。

下味はしっかりと。あとは鍋がおいしくしてくれる

ピリピリチキン

　ポルトガル料理をYAMATO流にアレンジしたのが、このレシピだ。ポイントはハチミツ。骨からあふれだすジュースと調和して、コクが出るぞ。うまみが詰まったこのソース、一滴も残さず、ご飯やパンにからめて味わい尽くせ！　チリパウダーの量を調整して、好みのピリピリぐあいで作ってくれよな。

キャンプの煮こみ料理には
厚手の鉄鍋がベスト！
蒸気の力でうまみが
凝縮されるぞ

材料（作りやすい分量）

鶏手羽元　20本（約1kg）
ジャガイモ　5個（500g）
ローズマリー　2本
酒　大さじ3
塩・コショウ　各小さじ2

A
- オリーブオイル　大さじ6
- 酢　大さじ3
- ハチミツ　大さじ2
- チリパウダー　大さじ1〜3（好みで加減する）
- ニンニク（すりおろす）　3かけ分

オリーブオイル

作り方

1. 保存袋にAを入れ、混ぜ合わせる。塩・コショウをまぶした手羽元を袋に入れ、よくもんで調味料をまとわせる。
2. ジャガイモはよく洗い、皮付きのまま5mm幅の輪切りにする。
3. 厚手の鉄鍋（ダッチオーブンなど）の内側にオリーブオイル大さじ1を塗り、ジャガイモを焼く。両面に焼き色がついたら、**1**を加え、酒をふって、ローズマリーをのせ、ふたをする。
4. 手羽元に火が通るまで、弱火でじっくり加熱する。

豪快に焼いてキャンプを盛り上げよ

タンドリーチキン

キャンプにハマって以来、ずっと挑戦してみたいと思っていたのが、タンドリーチキンだ。焼けば肉汁がじゅわっとあふれ、スパイシーな香りが辺り一面に広がる……。最高だよな？　漬けだれの配合は、とことんまでこだわり抜いたから、レシピに忠実に作ってみてくれよな。こんがりと焼き色を付けて、熱いうちに食らいつけ！

肉の焦げ目も調味料のひとつ
余ったらカレーに投入して
フィニッシュ・ホールドだ

材料(4人分)

鶏もも肉　800g

A
- プレーンヨーグルト　大さじ4
- オリーブオイル・粗びきマスタード・カレー粉　各大さじ2
- ハチミツ　大さじ1と1／3
- ニンニク・ショウガ（それぞれすりおろす）　各大さじ1
- コリアンダー・パプリカ・クミン（すべて粉末）　各小さじ1
- 塩　小さじ1

塩　コショウ

作り方

1 鶏肉はやや大きめの一口大に切り、塩・コショウ各少々をふってもんでおく。

2 保存袋にAを入れて混ぜ合わせ、**1**を加えてよくもみ、袋の口を縛って、冷蔵庫で1時間ねかせる（ここまで家で仕込むとよい）。

3 フライパンを熱して鶏肉の両面に焼き色をつける。袋に残った漬けだれを加え、ふたをして、ごく弱火でじっくり火を通す。

4 汁けがとんだら、皿に取り分ける。

個性的な味の掛け合わせでさらにうまくなる

ラム肉BBQwith パクチーだれ

ヘルシーなラム肉は、体づくりにもってこい。YAMATO流キャンプにはマストな食材だ。このパクチーだれはもちろん、55ページで紹介したアウトドアスパイスもぜひ試してみてくれ。ラムとパクチーは1＋1で200だ！　個性的な風味の食材同士がうまみを引き立て合うぞ。

BBQは味つけしだいで
何通りにも楽しめる
多彩な技で魅了しよう！

ラム肉のBBQ
材料（約4人分）

ラム肉　300g
タマネギ　1個
ピーマン　4個
塩　コショウ

作り方

1. ラム肉は一口大に、タマネギはくし形切り、ピーマンは縦に4等分に切る。
2. 順番に金串に刺し、塩・コショウ各少々をふって、炭火焼きこんろなどでじっくり両面を焼く。

パクチーだれ
材料（作りやすい分量）

パクチー　1束
A
- 砂糖　大さじ4
- ナンプラー　大さじ3
- 白煎りゴマ・コチュジャン　各大さじ2
- みそ・酒　各大さじ1
- ニンニク・ショウガ（それぞれすりおろす）　各小さじ1
- 一味トウガラシ　少々

ゴマ油

作り方

1. 小鍋にAを入れてよく混ぜ、弱めの中火でとろりとするまで煮つめる。ゴマ油少々を加えて混ぜ、あら熱を取る。
2. パクチーを粗みじん切りにし、**1**に加え混ぜる。

ビールの風味で味覚を刺激せよ

酔っ払いジャーマンポテト

　キャンプには欠かせないビールを使って、最強のジャーマンポテトを生み出してしまった！　ソースがほくほくのジャガイモにからんで、まろやかなコクがありながら、粗びき黒コショウやマスタードがピリッと舌を刺激するぞ。ウインナとベーコンのダブル使いもポイント。燻製の香りが驚くほどビールとマッチするんだ。

五味が調和した
複雑な味わいで
酒が進む、進む！

材料（4人分）

ジャガイモ　5個
タマネギ　1個
ウインナソーセージ　10本
ベーコン（ブロック）　220g
ニンニク　2かけ
ビール　350mL
粒マスタード・ハチミツ　各大さじ2
A 塩・粗びき黒コショウ　各小さじ1
オリーブオイル　パセリ（乾燥）

作り方

1 タマネギは薄切り、ニンニクはみじん切りにする。ウインナは斜め半分に切り、ベーコンは拍子木切りにする。ジャガイモは芽を取り、皮が付いたまま一口大に切る。

2 オリーブオイル大さじ2をひいた鉄鍋（ダッチオーブンなど）にニンニクを加え、中火にかける。タマネギを加えて混ぜ、フライパンの端に寄せ、中心にジャガイモを並べる。ジャガイモの断面に焼き色がついたら、ウインナとベーコンを加えて炒め合わせる。

3 Aを順に加えてよく混ざるように炒め、ビールを注いでふたをする。

4 ジャガイモに火が通ったら、器に盛り、好みでパセリを少々ふる。

好みの野菜でアレンジしてくれ

スパニッシュオムレツ

　キャンプと言えば、火のそばでのんびり、まったり。ちょっと手間のかかる料理にチャレンジするのも悪くないだろう。具だくさんのオムレツに入れる野菜はなんでもいいぞ。ニンジンやグリーンピース、ホウレンソウなんか入れたら彩りばっちり。栄養バランスも最高だ。冷めてもうまいから、翌朝、サンドイッチの具にするのもアリだぞ。

繰り返し混ぜ、焼くことで
具材がミルフィーユ状に重なる
うまさのハーモニーを奏でろ！

材料（作りやすい分量）

卵　5個
ジャガイモ　大2個
タマネギ　大1個
ベーコン　100g
塩　コショウ　オリーブオイル

※直径20cmのフライパンを使う場合

作り方

1 ジャガイモ、タマネギは薄切り、ベーコンは5mm幅の細切りにする。

2 卵をボウルに割り入れて溶き、塩・コショウ各少々、ベーコンを加え混ぜる。

3 フライパンにオリーブオイル大さじ2と1／2を入れ、弱火にかける。菜箸を入れ、先が軽く泡だったら、ジャガイモとタマネギを加え、ときどき上下を返しながら、ジャガイモが菜箸で切れるくらいまで火を通す。

4 **3**を熱いうちに**2**のボウルに加えて混ぜ、フライパンに戻す。まわりが固まったら同じボウルにあけ、15秒ほどかき混ぜる。

5 オリーブオイル大さじ2と1／2を同じフライパンで熱し、ボウルの中身を戻して加熱する。まわりが固まったら同じボウルにあけ、15秒ほどかき混ぜる。

6 再度、同じフライパンにボウルの中身をあけ（油はひかない）、ごく弱火で加熱し、ゆすりながら形を整える。

7 表面がある程度固まったら、皿をかぶせてひっくり返し、上下を入れ替えてフライパンに戻す。へらなどで形を整えつつ、これを計3回繰り返す。オムレツの真ん中を押して、かたければ皿に盛り、あら熱が取れたら切り分ける。

自然のパワーを料理に活用せよ

干しキノコ鍋

せっかくアウトドアで料理するんだから、自然の力を生かさない手はない。キノコは一度、干すことでかさが減り、たっぷり食べられるぞ。なるべく複数の種類を使うのがポイントだ。好みのものでOKだが、YAMATO流に近づけたいなら、ナメコはかならず入れてほしい。しめはそばで勝負だ！

干すことでキノコのうまみが凝縮！
鶏とキノコのだしが
奥深い味わいのもとになる

材料(4〜5人分)

鶏手羽中　500g
好みのキノコ　約6パック（600g）
絹ごし豆腐　2丁

A
- 鶏がらスープの素　大さじ2
- 和風だしの素・砂糖　各大さじ1
- しょうゆ　大さじ7
- みりん　大さじ6

作り方

1. キノコはいしづきを除き、小房に分けて、干し網に入れ、風通しのよい日なたにつるして半日ほど干す。
2. 手羽中は骨に沿って切り目を入れる。豆腐は食べやすい大きさに切る。
3. 鍋にAと水1500mL、手羽中を入れ、中火にかける。沸騰したら、あくをすくう。
4. 手羽中を手前に寄せ、あいたところに豆腐を並べる。その上にキノコをのせ、おたまでつゆをまんべんなくかける。
5. ふたをして、ひと煮たちさせ、器に盛る。

炭火でじっくり焼く時間を楽しめ

ビア缶チキン

　鶏の丸焼きは豪快に見えるが、じっくり火を通す手間がおれは好きだ。見守って、育ててるって感じがするだろ？

　ブライン液※に漬けることで、肉に水分が浸透し、長時間焼いてもふっくら仕上がる。部位ごとの食感のちがいを楽しむべし。55ページで紹介したアウトドアスパイスをつけて食べると最高にうまいぞ。

※肉や魚を柔らかくし、風味を増すために使う調味液。

材料（作りやすい分量）

丸鶏（中抜き・1.5kg前後）　1羽
缶ビール（350mL入り）　1本
A 砂糖・塩　各50g
B しょうゆ・酒・みりん　各50mL
塩　コショウ

作り方

1. 大きめのポリ袋を2枚重ねて水1000mLを入れ、Aを加えてよく溶かし、ブライン液を作る。丸鶏を入れ、空気を抜いて袋の口を縛り、冷蔵庫で一晩おく。
2. 丸鶏を取り出し、キッチンペーパーで汁けをふき取って、塩・コショウ各適量を全体にまぶしつける。
3. ビール半量を残した缶をビア缶チキンスタンドに設置し、丸鶏を尻側からかぶせる。竹串で手羽を背中側に、脚を腹側に留める。蒸気が逃げないように首元の皮も竹串で留める。
4. Bを合わせておく。

火から下ろしたら
バケツをかぶせて
肉汁を落ち着かせるんだ

5 こんろに炭をおこし、中心をあけて周囲に炭を配置する。網をのせ、中心にアルミ容器を置いて、**3**をのせ、バケツをかぶせる。15分に1回、丸鶏全体にはけで**4**を塗りつつ、２時間ほどじっくり火を通す。

6 鶏の胸部分に竹串を刺し、透明な汁が出てきたら火から下ろし、バケツをかぶせたまま15分おく。あら熱が取れたらスタンドから外し、部位ごとに切り分ける。

7 そのまま、または好みの調味料につけて食べる。

ガジェットにもこだわれ

ホームセンターなどで入手しよう

必要な道具

ビア缶チキンスタンド（市販品）
使い捨てアルミ容器（直径約20cm）
金属製バケツ（直径25×高さ20cm以上）
バーベキューこんろ
焼き網、竹串、料理用はけ、炭

リメイクで奥深い味を追求せよ

豚の角煮&角煮カレー

豚肉は下ゆでしてから煮こむことで、アクや雑味が抜けて、しっかり味のしみた角煮に仕上がる。もちろん白飯にも晩酌にも合うが、こんなうまい料理を家で食べるだけじゃもったいないぜ！　キャンプ場ではカレールーを加えるだけで、激ウマカレーに早変わりだ。思い立ったらすぐにキャンプに出かけられるように、日頃から角煮は多めに作り、耐冷凍容器に入れて冷凍しておこう。

材料（4人分）

豚ばらブロック肉　700g
ダイコン　1本
ショウガ　1かけ
A（
だし汁　1500mL
しょうゆ・砂糖　各大さじ4
オイスターソース　大さじ2
）
サラダ油

豚の角煮
作り方

1. 豚肉は一口大に切る。ダイコンは乱切り、ショウガは繊維を断つように薄切りにする。
2. 豚肉は熱湯から、ダイコンは水から下ゆでする。豚肉は30分以上しっかりゆで、ダイコンは角がくずれ始めたら、ざるに上げておく。
3. 熱した鍋に油大さじ１をひき、ショウガを炒める。香りがたったら**2**の豚肉とダイコンを加えて炒める。豚肉に焼き色がついたらAを加えて混ぜ、落としぶたをする。沸騰したら弱火にし、30分程度煮こむ。

キャンプ飯の王道！
腹ペコに直撃する
角煮とカレーの
ツープラトンだ

角煮カレー
材料と作り方

1. 豚の角煮4人分と水300mLを鍋に入れて火にかける。沸騰したら、カレールー4皿分を加え、煮たったら火から下ろす。
2. 皿にご飯を盛り、**1**をかける。

“燻製沼”にハマってみないか？

燻製ポテサラ

いつもの食材にスモーキーな香りをプラスするだけで、なぜこんなにも食欲が刺激されるのか……。燻製の魅力にいちどハマったら、抜け出せないぜ。だれでも簡単に使える、段ボール製のキットを使って挑戦してみてくれ。おれ流ポテサラのポイントは、すべての具に火を入れること。水っぽくなるのを防いで、長時間うまさをキープできるぞ！

粗びき黒コショウを
たっぷりかけてもうまいぞ
最高のビールの友だ

材料（4人分）

ジャガイモ　小6個（400g）
ベーコン（ブロック）　70g
タマネギ　1／2個
ゆで卵　2個
マヨネーズ　大さじ6
砂糖　大さじ2
バター　10g
粒マスタード　小さじ2
サラダ油　イタリアンパセリ

作り方

1 ベーコン、ゆで卵、マヨネーズ（アルミホイルを器にし、燻製中ときどきかき混ぜる）は、市販のキットを使って燻製にする。

2 ベーコンは1cm角、タマネギは薄切りにする。

3 フライパンに油少々をひき、**2**を炒める。火が通ったら、大きめのボウルに移しておく。

4 ジャガイモは1cm厚さに切り、フライパンに入れ、ひたひたの水を加えてゆでる。竹串がすっと通るやわらかさになったら、湯を切って弱火にかけ、すりこ木などでつぶしながら水分をとばす。

5 火を止め、イモが熱いうちに砂糖とバターを加え混ぜる。**3**のボウルに入れ、**1**のゆで卵とマヨネーズ、粒マスタードを加え、卵をつぶすようにして混ぜる。

6 器に盛り、イタリアンパセリ適量を飾る。

30分以上燻製し、しっかり香りを付けよう

調理のひと工夫で、定番メニューを進化させよ

塩焼きそば

バーベキューには欠かせない一品だからこそ、魂を込めて作ってほしい。YAMATO流の塩焼きそばは、野菜や肉を麺の形状に近づけるのがポイントだ。香ばしく焼いた麺と野菜がしっかりからんで、味のコンビネーションを最大限に楽しめるぞ！　粗びき黒コショウで味を引き締め、青ネギで華やかに飾って召しあがれ。

麺を揚げ焼きにすることで
水分がとんで
ソースがからみやすくなるぞ！

材料(4～5人分)

豚ばら薄切り肉　300g
キャベツ　1／2個
ニンジン　1／2本
もやし　1／3袋
焼きそば用袋麺　5玉
A
- 酒・オイスターソース　各大さじ3
- 砂糖　大さじ1
- 塩　小さじ1と1／3

サラダ油　塩　粗びき黒コショウ
青ネギ（小口切り）

作り方

1. キャベツは粗い千切り、ニンジンは皮をむいてピーラーで薄切りにする。豚肉は2.5cm幅に切る。もやしはひげ根を取っておく。
2. Aは合わせておく。
3. 熱した鉄板などに、油大さじ3をひき、袋の上からもんでほぐした麺を入れ、揚げ焼きにする。焼き色がついたらひっくり返し、両面に軽く焦げ目が付いたらほぐす。
4. 麺を皿に取り出し、同じ鉄板に油大さじ1をひいて、豚肉、ニンジンを炒め、塩ひとつまみをふる。肉に火が通ったらキャベツを加え、野菜に火が通ったら**3**の麺を加えて炒め合わせる。
5. **2**を加えてさらに炒め、最後にもやしを加え、黒コショウ小さじ1をふって全体によくからませる。青ネギ適量をのせる。

ステーキ肉をドカンとのせた豪華版

ジャンバラヤ

アメリカ発祥のスパイシーな炊きこみご飯、ジャンバラヤは、大人も子どもも大好きな味わいだ。材料を切る、米を洗う、調味料を混ぜるといった下ごしらえはあらかじめ家で済ませておくと、さらにスピーディーに仕上がるぞ。

このレシピは最後にステーキをのせたYAMATOスペシャル。仲間たちのテンションもブチ上がることまちがいなしだ！

炭火で調理する場合は網の上で鍋をこまめに移動させ火加減を調整すべし！

材料（5〜6人分）

鶏もも肉　250g
ウインナソーセージ　8〜10本
牛肉（ステーキ用）　2枚（400g）
ピーマン　3個
タマネギ・トマト　各1個
米　4合

A
オイスターソース　大さじ3
カレー粉・パプリカ（粉末）・
ニンニク（すりおろす）　各大さじ1
チリパウダー
小さじ1（好みで加減する）
塩・コショウ　各小さじ1／2

オリーブオイル　塩　コショウ

作り方

1 鶏肉は3cm角、ウインナは5等分、野菜はすべて1cm角に切る。米は洗い、水けを切る。Aの調味料を混ぜ合わせておく。

2 鍋にオリーブオイル大さじ3をひき、鶏肉、ウインナを炒めて、塩・コショウ各少々で味をととのえる。ある程度火が通ったら、**1**の野菜を加えて炒め合わせる。

3 米を加えて炒め合わせ、Aの調味料を加えて混ぜ、水900mLを加える。

4 ふたをして、強火で5分加熱し、弱火にする。10分たったら火から下ろし、10分蒸らす。

5 両面に塩・コショウ各少々をふって焼いた牛肉を薄く切り、**4**の上にのせる。

メスティン一つで手際よく仕上げろ

白みそ クリームパスタ

「メスティン」はアルミでできた箱型の飯ごうのことだ。飯を炊くだけじゃなく、野菜や肉を煮たり、焼いたり、麺類の調理にも使えるオールマイティーな優れ物で、おれも愛用している。パスタとソースを同時に作れば、洗い物や調理スペースも少なく済んで、アウトドアにぴったり。白みそ×生クリームで、まろやかで上品な味に仕上げるぞ。

シンプルな調理手順でも
味は極上なワンパンパスタ
いろいろな味や具材で
応用できるぞ

材料（1人分）

スパゲッティ（乾麺）　100g
牛ばら薄切り肉　50g
ピーマン　1個
みりん・白みそ　各大さじ1
生クリーム　100mL
オリーブオイル　塩　粗びき黒コショウ

作り方

1. ピーマンは縦に4等分し、さらに横半分に切る。牛肉は食べやすい大きさに切る。
2. メスティン（3合炊き）にオリーブオイル大さじ1を入れて中火にかけ、牛肉を炒める。
3. 色が変わったら火を止め、水200mLとみりんを加え、みそを溶き入れる。スパゲッティを半分に折って加え、中火にかけて沸騰させる。くっつかないように混ぜながらゆでる。
4. 袋の表示時間の1分前になったらピーマンを加える。
5. 麺が好みのかたさになったら、弱火にして生クリームを加えて混ぜ、温める。火から下ろし、塩少々で味をととのえ、好みで黒コショウをふる。

メモ：3の段階で水が足りなくなるようなら、少しずつ追加する。

メスティンを制するものがキャンプを制す

トウモロコシの炊きこみご飯

トウモロコシの芯は捨てずに
ご飯といっしょに炊こう！
甘みとだしが出るぞ

続いてのメスティンレシピは、真夏に食べたい炊きこみご飯だ。炊くときに加える調味料は、塩と酒だけ。シンプルな味つけだからこそ、トウモロコシの甘さが際立つぞ。炭火で焼いたトウモロコシの香ばしい香りで箸が止まらん！　そこにピリッとしたわさびバターをのせて食べるのが、おれ流の変化技だ。

材料（2〜3人分）

米　2合
ゆでトウモロコシ　1本
酒　大さじ2
塩　小さじ1

A
- しょうゆ　大さじ1
- みりん　大さじ1／2
- 砂糖　小さじ1

作り方

1. 米は洗ってメスティン（3合炊き）に入れ、水330mLを加えて30分〜1時間浸水させる。
2. ボウルにAを合わせる。
3. 炭火焼きこんろに火をおこし、網を置く。ゆでトウモロコシをのせ、**2**をはけで塗りながら、全体に焼き色をつける。
4. 火から下ろしてあら熱を取り、包丁で実をそぐ。芯は三等分に切る。
5. **1**に酒と塩を加えて混ぜる。**4**の実を並べ入れ、芯を一切れ加える。ふたをして強火にかけ、沸騰したら弱火にして8〜10分加熱する。火から下ろし、メスティンをタオルで包んで15分ほど蒸らす。
6. 芯を除き、しゃもじでさっくりと混ぜて、茶わんに盛る。

ピリッと味変！

わさびバター

材料と作り方

無塩バター100gを湯煎または電子レンジで溶かし、練りわさび大さじ1を加えてよく混ぜる。冷蔵庫などで冷やし固める。

残りのオイルまで味わい尽くせ

長ネギのアヒージョ

太陽の下でのアウトドアも気持ちがいいが、寒い季節に、仲間同士で火を囲むのもいい。冬に甘さを増す長ネギを主役にした、あつあつのアヒージョを楽しもうぜ。長ネギは短めに切ることですぐ火が通るし、白飯やパンにも合わせやすいぞ。残ったオイルにゆでたパスタやうどんを入れて、最後まで味わってくれ。

長ネギはしっかり
水けを切って加えること
油跳ねが防げるぞ

材料（作りやすい分量）

長ネギ　3本
ベーコンビッツ　大さじ2
パセリ（乾燥）　少々

A
- オリーブオイル　200mL
- ニンニク（みじん切り）　1かけ分
- 鷹の爪（種を除く）　1本
- 塩・鶏がらスープの素・ナンプラー　各小さじ1／2
- うまみ調味料　3ふり
- 砂糖　少々

作り方

1. 長ネギは一皮むき、2cm程度の長さに切る。
2. スキレットなど小型のフライパンにAを入れて混ぜ、火にかける。ふつふつとし始めたら**1**を加え、弱火で加熱する。
3. 長ネギに火が通ったら、ベーコンビッツをふりかけ、しばらく加熱してパセリをふる。

華麗にひっくり返して魅了せよ

ジャガイモのガレット

千切りはできるだけ細く！
ジャガイモはデンプンの多い
男爵イモがおすすめだ

表面カリッ、中はホクホクのガレットは、つまみにもおかずにもピッタリ。チーズ風味であと引くうまさだ。具材はなるべく細く刻んだほうが、まとまりが出てさらにうまくなるぞ。腕のトレーニングだと思って、本気の千切りを見せてやれ。

こんがり焼けたら最大の見せ場。豪快かつ華麗にひっくり返そう。トペ・コンヒーロだ！

材料（2～3人分）

ジャガイモ　小10個（約800g）
ベーコン　150g
ピザ用チーズ　100g
薄力粉　大さじ4
塩・コショウ　各小さじ1／3
オリーブオイル　トマトケチャップ
粗びき黒コショウ

作り方

1 ジャガイモは皮をむき、千切りにする（水にさらさない）。ベーコンも同じ細さに切る。

2 **1**を大きめの保存袋に入れ、薄力粉、塩、コショウを加えて、さっくりと混ぜる。

3 熱したフライパン（直径27cmのものを使用）にオリーブオイル大さじ1／2をひき、**2**の半量を広げて焼き、丸く成形する。

4 焼き色がついたら、チーズを散らし、その上に残りの**2**を広げる。強火にして、円を描くようにフライパンを回しながらひっくり返す。

5 オリーブオイル大さじ1／2を鍋肌から流し入れて行き渡らせ、ふたをして弱火で約10分焼く。かりっと焦げ目を付け、中まで火を通す

6 トマトケチャップ・黒コショウ各適量をかける。

野外でも作れる本格スイーツ

ピーナツクリームフレンチトースト

「お腹いっぱいだけど、甘いものも食べたい！」。そんなわがままにもしっかり応えるのが、キャンプにおけるおもてなしの作法と言えるだろう。基本のフレンチトーストにピーナツクリームを加えた特製スイーツで有終の美を飾ろう。牛乳の代わりに、市販のミルクティーやコーヒー牛乳、フルーツ牛乳を使っても美味だぞ。

デザートまで抜かりはないか？
ひと手間加えたスイーツで
カフェ風にキメよう

材料(2人分)

食パン（6枚切り）　2枚
牛乳　100mL
溶き卵　1個分
ピーナツクリーム　大さじ2
バニラエッセンス　少々
バター　20g
粉糖　ミントの葉

作り方

1 ピーナツクリームは大きめの保存袋に入れ、常温にもどしてやわらかくしておく。

2 **1**に少量の牛乳を加え、袋の外から手でもんでピーナツクリームを溶かす。残りの牛乳と溶き卵を加え、よく混ぜる。

3 粉糖小さじ1とバニラエッセンスを加えて混ぜ、半分に切った食パンを入れて、しっかり液を吸うまでおく。

4 フライパンにバターを入れ、ごく弱火にかけて溶かし、**3**のパンを焼く。

5 両面に焼き色がついたら、さらに半分に切って皿に盛り、粉糖適量をふりかける。好みでミントの葉を飾る。

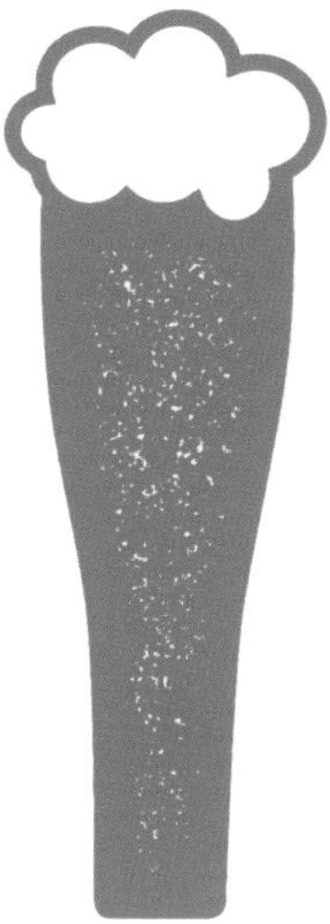

Additional match

乾杯！
おれの家飲みつまみ

最後に、手軽に作れるおつまみレシピを紹介しよう。
男たるもの、一人でじっくり飲みたい夜もある……。
そんな気分に寄り添うような、渋めのメニューを厳選したぞ。
“お疲れさん”の一杯で、明日への活力をチャージだ！

日本人なら、やっぱりこれだろ！

イカのみぞれ煮

材料（2人分）

スルメイカ　3杯
ダイコン　1／3本
青ジソ　5枚
A
- だし汁　200mL
- みりん　大さじ3
- 酒　大さじ2
- みそ　大さじ1と1／3
- しょうゆ　大さじ1

サラダ油

作り方

1. スルメイカはさばいて食べやすい大きさに切る。わたは取っておく。ダイコンはすりおろし、軽く水けを絞る。Aは合わせておく。
2. 熱したフライパンに油大さじ2をひき、**1**のイカとダイコンを炒める。色が変わり、水分がある程度とんだらAと**1**のわたを加えて煮る。
3. 水分がとび、まとまりが出たら皿に盛りつける。千切りにした青ジソを散らす。

肴はあぶった、イカもいい……が、ダイコンおろしとともにさっと煮た、こんな肴も最高だろ？　イカを鮮魚店やスーパーで処理してもらう場合、「わた」をつけてもらうのを忘れないように。わたを加えることで、酒によく合う、濃厚な味わいになるんだ。実家の食堂の味を再現したこの煮物、つまみやおかずとしてそのまま食べるのはもちろん、納豆との相性がバツグンだから、ぜひ試してみてくれ。白飯にのせてかきこめば「ああ、日本人でよかった～！」と焼酎グラスに涙がポロリ、まちがいなしだぞ。

最後はご飯にのせてかきこもう

イカ風味納豆丼

材料と作り方（1人分）

納豆1パックに、細かく切ったイカのみぞれ煮大さじ1を加えて混ぜる。茶わんに盛ったご飯にのせて食べる。

しみじみとうまい煮物は
とっておきの焼酎に合わせよう
わたの風味が後を引くぜ

豆板醤を加えて刺激をプラス

自家製のりの佃煮

材料（作りやすい分量）

焼きのり　全形5枚
料理酒・しょうゆ・砂糖　各大さじ2
豆板醤　少々

作り方

1. のりはちぎってボウルに入れ、水100mLと料理酒を加えてふやかす。
2. 小鍋にしょうゆ、砂糖、豆板醤、水100mLを入れて火にかけ、沸かす。
3. **2**に**1**ののりを加え、かき混ぜながら水分をとばす。まとまりが出て、鍋底が見えるようになったら火を止める。

飯の友、それはすなわち、酒の友。瓶詰でおなじみののりの佃煮も、自分で作れば甘み・辛みのバランスが自由自在だ。今回は豆板醤を加えてピリ辛風味にしてみたぞ。白飯に合うのはもちろん、豆腐やチーズ、スライスしたきゅうりに添えるだけで、今夜の晩酌は準備オッケー。飲みたい気持ちを速攻で満足させてくれる、おつまみ界のスピードスターと言えるだろう。

本日はワインで乾杯、というときには、バターとともにショートパスタとからめよう。磯の香りと白ワインのマリアージュを堪能してくれ。

バターの風味で洋風に

のりソースパスタ

材料と作り方（1人分）

ショートパスタ100gは表示通りにゆでておく。フライパンに自家製のりの佃煮50g、酒大さじ2を入れ火にかける。バター100g、練りわさび・レモン汁各小さじ1を加えて混ぜ、塩・コショウ各少々で味をととのえる。パスタを加えてからめ、皿に盛って粉チーズ少々をふる。

おなじみの佃煮も
自家製ならアレンジ自在！
パスタは意外と白ワインに合うぞ

つい箸が進む“あの味”を再現

缶詰風焼き鳥

材料(2人分)

鶏もも肉　300g
長ネギ　1本
A
しょうゆ　大さじ2
みりん　100mL
砂糖　大さじ2
オイスターソース　大さじ1
ゆずこしょう　少々
サラダ油

作り方

1. 鶏肉は皮を剥がし、1cm角に切る。長ネギは一皮むき、1cm幅に切る。剥がした皮はフッ素樹脂加工のフライパンでカリカリになるまで炒め、出た脂は捨てておく。
2. 小鍋にAと水100mLを入れて火にかける。**1**の鶏皮も加え、とろみがつくまで煮て水分をとばす。
3. フライパンに油小さじ1を熱して鶏肉を炒める。脂が出てきたらそのつどふき取る。焼き色が付いたら**1**の長ネギを加え、ネギにもまんべんなく焼き色を付ける。
4. **3**に、鶏皮をのぞいた**2**を加えて混ぜる。

焼き鳥は塩派か？　たれ派か？　この因縁のバトルにはたして決着がつくのだろうか……。究極の選択だが、ここで「たれ派」歓喜の一品を紹介しよう。目指したのは「焼き鳥缶」のあの味だ。甘辛くてつい箸とビールが進む、あの缶詰を思う存分食べてみたい！と思っていた焼き鳥缶ラバーも多いんじゃないか？

ポイントはたれの味つけ。カリカリに焼いた鶏皮をたれに一度加えることで、香ばしい風味を出そう。うーん、こんなにうまいんだから、おれはやっぱり焼き鳥はたれ派かな……いや！　塩も捨てがたい！

彩り鮮やかなごちそう丼

缶詰風焼き鳥丼

材料と作り方（1人分）

いり卵を作る。卵2個、みりん大さじ1、白だし小さじ1、砂糖少々をボウルに入れ、よく混ぜる。フッ素樹脂加工のフライパンに油をひかずに弱めの中火にかけ、卵を入れる。菜箸4〜5本でかき混ぜ、ポロポロになったら火から下ろす。どんぶりご飯にいり卵、缶詰風焼き鳥100gを盛り付け、好みで小口切りのあさつき・紅ショウガ・白煎りゴマ各少々をのせる。

ビールが進む甘辛味！
こまめに脂をふき取るのが
さっぱりと仕上げるコツだ

おわりに

常に愚直に、基本に忠実に
ひとつひとつの“技”を磨きあげていこう

この本で紹介したレシピは、若手農業者を読者とした雑誌『地上』（家の光協会）に、約4年半にわたって掲載されたものだ。

「丼もの」「牛肉を使った料理」など、1年ごとにテーマを決めてレシピを提案したり、あるときは、長野県の農業者の皆さんといっしょに、田んぼのど真ん中で撮影をしたり……。まあ、いろいろな経験をしたが、連載を続けるうちに、おれ自身にも大きな変化があった。たとえば、スーパーに行って野菜を買うときに、その生産者の顔をイメージできるようになった。そして、国産の肉や野菜を選ぶことが増えた。人が「おいしい」と感じるものは、きっといい環境で育てられているはずなんだ。

レシピを作ってみて、どう感じただろうか？

だれしもが忙しい現代において、より簡単で、手軽な料理が流行していると感じる。だけど、イージーゲームだけじゃ、つまらないよな。簡略化したレシピは、どうしてもどこか似たような味になってしまう。やっぱり、おれには調理師としてのプライドがあるから、一つ一つの手順をていねいに重ねることによって、料理の味がよりよくなっていく過程を知ってほしいと思っている。

だしをひく。じっくり煮こんでコクを出す。いくつかの調味料を掛け合わせて、複雑な味わいを表現してみる。これらすべてが、料理における基本の「技」だと言えるだろう。なにごとも基本がだいじ。リングの上でもキッチンでも、華麗な技の応酬こそが試合をおもしろくするのだから。

プロセスをたいせつにすること、これこそが「YAMATO流」だ。この本を読んで、それを感じてくれれば嬉しい。

YAMATO

YAMATO

PROFILE

YAMATO

1981年生まれ。岩手県一関市の大衆食堂・リズム食堂の三男として生まれ、幼少期から料理に親しむ。調理師専門学校を卒業後、2006年にプロレス団体「DRAGONGATE」からデビューし、数々のタイトルを獲得。調理師免許のほか、フードコーディネーターの資格も有し、Web連載やテレビ出演、YouTubeチャンネルの開設など、プロレスラー兼料理家としてさまざまな分野で活躍中。著書に『レスラーYAMATOの筋肉キッチン』(小学館)。

STAFF

●デザイン　寺田 光陽　（株式会社m-syrup）
　　　　　大黒司 健一（株式会社m-syrup）
●撮影　石塚 修平　（家の光協会写真部）
　　　　幸喜 ひかり（家の光協会写真部）
　　　　津田 雅人　（家の光協会写真部）
●校正　ケイズオフィス

著者　YAMATO
発行者　木下 春雄
発行所　一般社団法人 家の光協会
〒162-8448
東京都新宿区市谷船河原町11
電話　03-3266-9029（販売）
　　　03-3266-9028（編集）
振替　00150-1-4724
印刷・製本　株式会社 東京印書館

空腹のゴングは鳴ったか?
YAMATOの勝利メシ

2024年7月20日　第1刷発行

ISBN 978-4-259-56806-1 C0077